BRANDING CORE
JOURNAL

BR
AND
ING.

BR
AND
ING.

브랜딩 고유감각

BRANDING CORE
JOURNAL

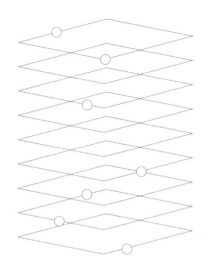

브랜드만의 색깔을 찾는-
독립브랜드를 위한 브랜딩 구축하기

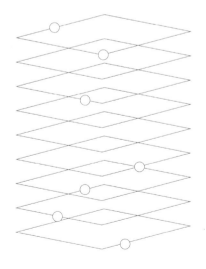

CONTENTS

WHY?
브랜딩 세계의 탐험
Branding exploration

CONTENTS

HOW?

브랜딩 탐구
Branding quest

브랜딩 세계의 탐험
Branding exploration

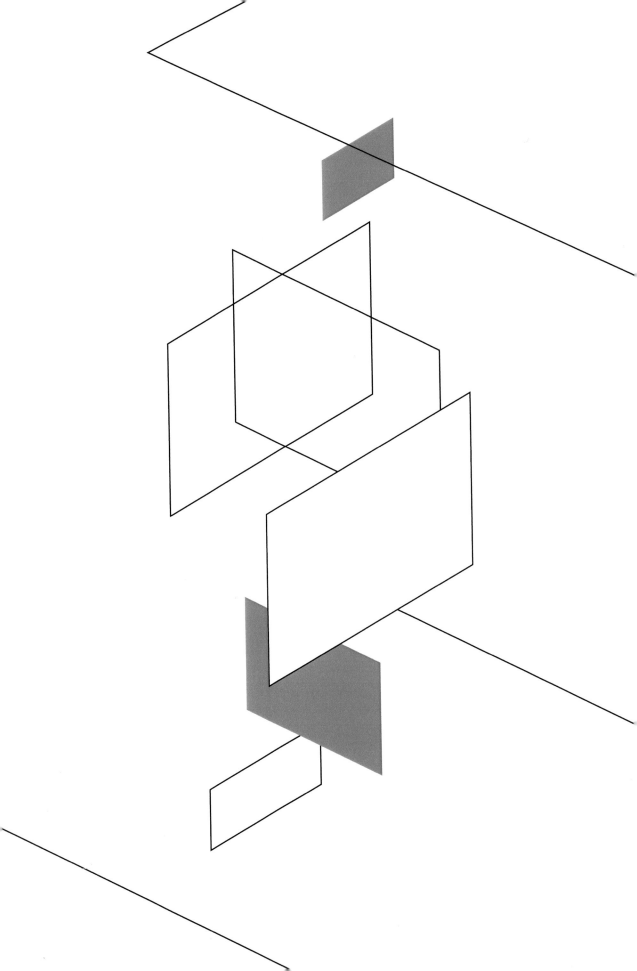

BRANDING WISDOM

NCEPT

LLING STORYTEL

DES M

AKETII

GO

LAUN

SNS

BRAND

NCHIN

CONC

SNS

ANDLA

우리 브랜드는
지금 어디에 와 있나요?

'우리만의 제품, 서비스, 브랜드 런칭하고 싶은데…

컨셉, 스토리텔링, 디자인, 로고, 마케팅 SNS 채널…

전부 어떻게 해야하지?'

브랜드 가치, 즉 소비자의 마음에 하나의 정체성을 가진 브랜드로 인지되기 위해서는 브랜드 스토리텔링 + 브랜드 마케팅 + 브랜드 디자인의 3단계가 모두 필요하다.

브랜딩의 개념에서 스토리, 디자인, 마케팅은 모두 브랜딩의 요소다. 브랜드를 잘 구성하고 디자인해서 어느 누구에게도 보여줄 수 없다면 무용지물. 스토리텔링 없는 마케팅은 증발되기 마련이며 제대로 된 디자인 없는 브랜딩 전략 역시 마찬가지다.

우리 브랜드만의 유일무이한 스토리텔링을 발굴하고 소비자에게 제대로 표현하기 위해 디자인하며 현재가치와 미래 나아가고자 하는 비전에 따른 마케팅 전략이 필요하다.

1등 브랜드만 있는 시장은 없다. 시장은 늘 기회와 틈이 있다.

시장(Market)은 항상 카테고리를 선점한 리딩 브랜드(Leading Brand)와 팔로워 브랜드가 함께한다. 어느 시장에나 시장을 선도하는 1등 브랜드가 있지만, 단 하나의 브랜드가 시장규모를 형성할 수는 없는 법이다. 그래서 시장에는 저마다의 색깔을 가진 브랜드가 존재한다.

그렇다고 해서 모든 팔로워 브랜드가 무작정 리딩 브랜드를 따라 하는 것은 무모하다. 리딩브랜드가 매출이나 시장점유율을 확보하고 있는 이유는 분명하지만, 리딩 브랜드를 무작정 카피(copy)하기에는 세상의 모든 브랜드 제품과 서비스는 유무형을 막론하고 한계가 있다. 팔로워 브랜드들은 모든 카테고리에서 시장을 선점한 1등 리딩 브랜드만큼 자본과 자산에서 경쟁력을 확보하기 어렵다.

시장 안의 시장
그것이 우리가 브랜딩을
하는 이유

브랜딩을 통해 우리는 시장 안의 또 다른 시장을 찾아낸다. 우리가 목표로 하는 시장을 명확히 설계하고 우리만이 가진 가치, 우리만이 보여줄 수 있는 스타일을 통해 세밀화 된 카테고리 안에서 유일무이한 가치를 가진 1등 브랜드가 될 수 있다.

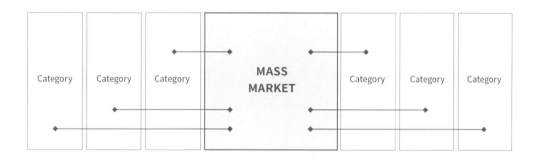

예를 들어 여성타겟층을 '3040여성'으로 잡는 것은 광범위한 타겟층 설정이다. 3040여 성층 안에서도 소비패턴과 라이프스타일, 주거환경과 거주지에 따라 다양한 소비패턴 을 보인다. 광범위한 타겟팅은 핵심 소비자층을 장기간 찾을 수 없는 함정에 빠트릴 수 있다. 핵심 소비자층을 빠르게 찾아내지 못한다는 것은 브랜드에 대한 소비자 피드백 을 받을 수 없다는 것이고 그것은 브랜드 성장에 중장기적인 악영향을 미치게 된다.

언택트 시대의 브랜딩 전략
- 포섭된 알고리즘

언택트 시대의 브랜딩 전략 포섭된 알고리즘이 필요하다.

대면하지 않는 새로운 시대.
막연히 꿈꿔왔지만 어느새 손끝까지 와닿은 문화.
시대가 변화하면 사람들의 가치관이 변화하고
이에 따른 문화와 소비패턴도 바뀌게 된다.

우리 브랜드를 어떤 알고리즘을 거쳐
타겟과 시장을 포섭할 것인가.

우리는 대면하지 않는 비대면 시대의 라이프스타일을 조금씩 체험해왔고, 전 세계적인 바이러스 감염병에 의한 사태 등으로 인해 본격적인 언택트 시대로 접어들게 되었다. 언택트란 접촉하다라는 뜻의 콘택트(contact)에 부정의 의미인 (un-)을 합성한 말이다.

브랜드는 끊임없이 시대상과 함께 성장해야 한다. 그렇지 않은 브랜드는 도태되고 사라지게 된다. 언택트 시대의 브랜딩 전략은 새로운 국면을 맞이했다. 과거에는 브랜드 가치의 개연성이 실존하는 매장의 크기나 규모의 가치와 직결되곤 했다. 하지만 **이제는 매장을 보유하지 않는 브랜드들이 새로운 알고리즘을 통해 시장을 점유하고 있으며, 시장과 소비자는 자연스럽게 이 문화를 받아들이고 경험하고 있다.**

이제 매장을 보유한 대형 브랜드조차 온라인이나 소셜 커뮤니티를 통해 단순히 홍보를 하는 것에 그치지 않고 브랜드 확장 전략을 함께 사용해야만 하는 시대이다. 브랜드 경험을 온라인을 비롯한 다양한 매체를 통해 할 수 있어야 한다. 더 이상은 브랜드 가치를 높이기 위해 비싼 땅값을 치르며 런칭쇼를 진행하지 않는다. 브랜드를 어디에서 보여줄 것인가를 먼저 기획하기보다 브랜드를 누구에게 먼저 보여줄 것인가가 더욱 확실한 브랜딩 방향이 되고 있다.

매장에서 만난 브랜드 제품에 대해 구매 전 온라인을 통해 검색하는 과정은 세대가 낮아지거나 고관여 브랜드가 될수록 필수적인 구매 결정 요건이 되고 있다. 따라서 우리는 '우리 브랜드를 어떤 알고리즘을 거쳐 타겟과 시장을 포섭할 것인가.'를 기획해야 한다.

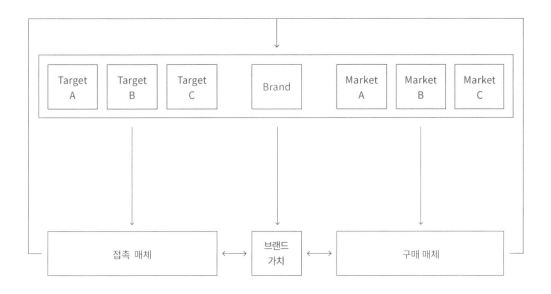

다수의 MASS 대중보다 우리 브랜드를 1등으로 알아줄 1명을 찾는다.

특히 국내 시장은 소비자 경험이 단기간에 오프라인에서 온라인과 모바일로 빠르게 변화하고 있기 때문에 3040여성층 안에서도 구매 패턴, 직장의 유무, 결혼의 유무, 자녀의 유무, 주거 환경에 따른 아이템과의 접근성, 브랜드에 대한 수용력과 이해력 등에서 세밀한 타겟팅이 필요하다.

거대 시장 안에서 우리 브랜드가 완벽히 잠식할 수 있는 또 다른 시장, 즉 타겟층을 선정한다는 것은 하나의 프로파일링을 완성하는 것이다. **우리 브랜드가 시장에 나왔을 때, 가장 먼저 1등으로 구매해 줄 사람은 누구일까?** 그 사람을 찾아내는 정밀한 타겟팅의 고도화를 시작하라.

브랜딩은
가치확장이다.

브랜딩은 제품이나 서비스를 구상하는 단계부터 시작된다. 그리고 사업화의 단계에서 다양한 사업의 요소들을 하나 된 목소리로 조합하고 최고의 가치를 발굴하는 데 있다. 브랜드가 가진 다양한 이야기와 구조를 결합해 탄생한 가치를 끊임없이 확장시켜 나가는 것이다.

상위가치 하위가치

브랜드가 탄생할 때에는 다양한 제품적 특징, 기술적 특징, 이념적 특징 등을 가지고 태어난다. 하지만 이 모든 가치를 시장과 고객에게 선보일 수는 없다. 그렇기 때문에 우리는 브랜드 가치 중 하위가치와 상위가치를 구분해 내고 가장 상위가치의 개념에서 브랜딩을 확장해 나가야 한다.

브랜드의 최상위가치는 우리 브랜드만의 '유일무이한 것'이다. 우리 브랜드도 가지고 있지만 경쟁사나 이미 시장에서 보편적인 업계의 특장점과도 동일한 가치요소는 브랜드를 only one 브랜드로 만들어주지 않는다.
그 어떤 제품과 서비스도 모두 저마다의 유일무이한 가치가 있고 그 가치는 모든 브랜드마다 다르다.

상위가치

= **우리 브랜드**만이
가지고 있는 것

하위가치

= **대다수 브랜드**들이
동일하거나 유사하게 가지고 있는 것

唯一

Only one
의 가치   =   유일무이한
브랜드

無二

브랜드 확장의 가치를 어떻게 찾아낼 것인가.

세상의 모든 제품과 서비스는 브랜드가 될 수 있다. 다만, 어떤 이야기와 가치를 담느냐에 따라 그 확장성의 범위가 달라질 뿐이다. 그렇다면 브랜드 이야기와 가치는 어떻게 만들 수 있을까?

우리만의 소재, 질감, 크기, 부피 …

우리만의 색깔, 패턴, 스타일 …

우리만의 키워드, 구호, 커뮤니케이션 …

우리만의 기업문화, 구성원, 위치 …

우리만의 발자취, 이념, 목표, 비전 …

.

.

.

이 모든 것들이 바로 스토리가 되고 정체성이 될 수 있다.

우리의 것이 너무 작고 소박하다고 해서
거창한 브랜드가 될 수 없는 것이 아니다.

사람의 마음을
흔드는 것은
감각이다.

원석처럼 뿜어내는 고유한 가치에서 발현되는 독특한 감각,
그 포인트를 찾아 확장시키는 것부터가 시작이 될 수 있다.

Launching
브랜드의 출발점

다수의 개인으로부터
힘을 얻는 독립 브랜드

브랜드가 런칭하는 다양한 방법 중 **독립브랜드**에
가장 이상적이라고 손꼽히는 플랫폼은 **크라우드 펀딩**이다.

크라우드 펀딩에서는 기업의 이념, 브랜드 탄생 과정, 개발과정을 모두 공개할 수 있고
이용자(user)도 투자의 개념으로 플랫폼에 접근하기 때문에 독립브랜드의 첫 모습과
가치를 대중에게 가장 잘 보여줄 수 있는 채널이다.

크라우드 펀딩은 새로운 제품이나 서비스에 투자자가 직접 후원하고 이를 통해 제품
생산에 이르기까지 소비자와 브랜드가 플랫폼을 통해 보다 빠르고 가깝게 만날 수 있
는 채널이다. 크라우드 펀딩 진행시 다수의 개인으로부터 후원을 받을 수 있기 때문에
브랜드가 더욱 빠르게 성장할 수 있다. 자금과 동시에 서포터를 얻을 수 있기 때문에
가치를 가진 독립 브랜드로 기존 산업 허들을 넘을 수 있는 좋은 기회가 된다.

크라우드 펀딩의 경우 국내 대표적인 플랫폼으로 와디즈(www.wadiz.kr), 텀블벅
(tumblbug.com), 크라우디(www.ycrowdy.com) 등이 있고 해외 플랫폼으로 킥스
타터(www.kickstarter.com), 인디고고(www.indiegogo.com) 등이 있다.

국내 크라우드 펀딩의 경우 초기 IT와 테크 분야가 강력한 시장을 리드했지만 현재는 푸드, 리빙, 예술에 이르기까지 폭넓게 소비자층이 형성됐다.

국내 크라우드 펀딩 시장의 확장에 따라 점차 국내에서도 '브랜드'에 대해 생각하는 가치가 중요하다는 것에 대해 많은 소비자들이 공감하고 있다. 독립 브랜드들은 크라우드 펀딩을 통해 사전 시장을 시험해보고 검증해볼 수 있는 발전과 기회의 장이 되고 있다.

크라우드 펀딩의 운용구조

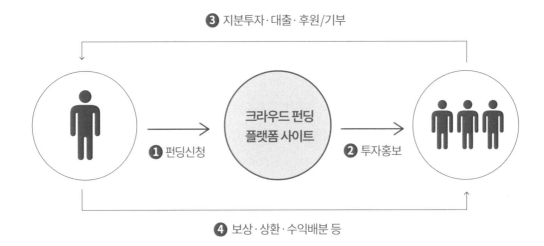

크라우드 펀딩을 통해 단기간, 다품목의 사업 영역 확장이 가능해지며 가치를 가진 독립 브랜드들이 보다 빠르게 성장한다.

크라우드 펀딩은 투자형(증권형)과 제품형(후원 기부형)으로 나뉜다.

따라서 펀딩에 참여하는 다수의 개인은 소액투자자 혹은 구매자가 될 수 있다.

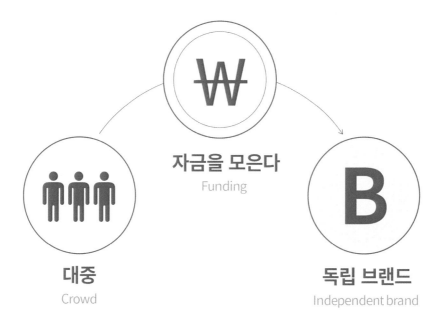

특히 투자형의 경우 지분투자형으로 비상장 주식이나 채권에 투자하는 형태로 투자자는 주식이나 채권 등의 증권으로 보상을 받는다.

독립 브랜드
어떻게 브랜딩 체계를
구축할 것인가?

Message Design

강렬한 브랜드 메시지의 표현

강렬하고 빠른 이해를 돕는 **브랜딩 컬러와 패턴**,
그리고 직관적인 **브랜딩 키워드**

멀티미디어 기기에 최적화된 콘텐츠. 가독성과 브랜드 개성을 강조할 수 있는 극대화된 디지털 디자인 콘텐츠가 필수적이다. 맥시멀리즘과 키치앤팝 혹은 미니멀리즘으로 분류되는 극대화되고 강렬한 메시지 디자인 표현이 확장되는 이유다.

앞으로의 브랜딩 메시지는 모바일 환경 멀티미디어 기기에서 보다 정확하게 전달될 수 있는 간결하고 함축적이면서 동시에 명확한 시각적 가시성을 가져야 한다.

긴----------------설명보다,
짧은;줄임말이 빠르다.

획이 유려한 궁서체보다,
강하게 힘을 덧댄 **돋움체**가
잘 보인다.

정제된 **예술**보다

친근한 *키치(kitch)*함이 현실적이다.

유행하는 **색깔**보다
우리만의 **색깔**이 튄다.

느낌의 기억
브랜드 고유감각

사람은 감각을 통해 사실을 인지하고 이해한다. 또한 수용한 DATA를 바탕으로 어떠한 선택이나 결정을 한다. 이러한 인간의 모든 감각은 저마다의 오감을 통해 사인(SIGN)을 보내는 고유감각에 기반한다.

이처럼 우리는 제품이나 서비스를 브랜딩을 통해 브랜드에 고유한 가치나 정서, 감각을 부여할 수 있고 브랜드를 마치 특별한 존재로 인지하도록 할 수 있다.

중요한 것은 브랜드가 먼저 감성과 감각을 가진 존재가 되어야 한다는 것. 우리가 운동을 매일 하면 감각과 체력, 신경이 건강해지듯 브랜딩 역시 지속적인 관리와 개발을 통해 더욱 강하게 만들 수 있다.

Art to brand value

브랜드 가치를 불어넣는
아트 콜라보레이션

새로운 소비 세대를 흡수하기 위한 형태 및 아이템 구성의 다변화를 위해 예술 문화를 매개체로 한 브랜딩 전략이 유효하다. 다양한 분야의 신진 아티스트와 협업으로 브랜드는 아트디렉팅을 통해 브랜드 가치를 확장할 수 있다.

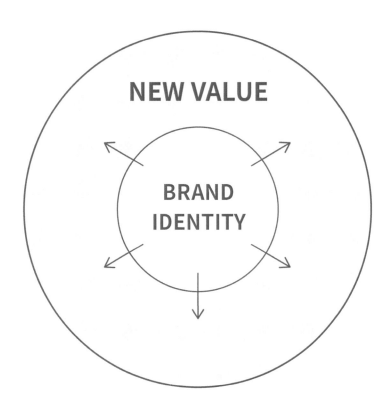

서브 컬처의 확장으로
다양한 범위의
문화예술이 주목받는다.

특히 브랜드 경험을 위한 시각, 청각, 후각, 미각, 촉각이 중요한 이유는 브랜드 연상과 감각이 연계될수록 더욱 강한 인지로 남기 때문이다. 그렇다면 온라인과 모바일 브랜딩의 시대에 오감을 어떻게 전달할 수 있을까. **인간에게 가장 강력한 무기는 '상상력'이다. 우리 브랜드만이 줄 수 있는 후각의 시각화, 우리 브랜드만이 줄 수 있는 촉감의 청각적 전달** 등 우리는 예술적 아트디렉팅 감각을 통해 브랜딩을 더욱 강화할 수 있다.

아트디렉팅은 순수예술가와의 협업만을 칭하지 않는다. 시대의 감각과 서브컬처의 확장으로 다양한 범위의 ART가 주목받고 있다. 국내외 다양한 브랜드들의 소셜 캠페인도 이와 같은 맥락에 있다. 브랜드 Messages과 visuals를 새로운 매체와 새로운 콘텐츠 장르로 경험하게 하는 것이다.

오늘의 브랜드가 열망하는 예술성에 대해

매 시즌이 되면 브랜드의 생명력을 부여하기 위해 모든 기획자, 디자이너, VMD, 스토리텔러, 스타일리스트가 한자리에 모인다. 그리고 그들은 논의한다.

'뭐 새로운 거 없을까?'
'경쟁사에서는 뭐 한대?'
'요즘 애들 뭐 좋아해?'
.

결국,
**'어떻게 사람들의 시선을
어떻게 (빨리) 가져올 것인가'**에 대한 문제.

오늘의 브랜드는 제품의 스펙이 공개되기 전에 **캐릭터 라이선스로, 디자인으로, 색감으로, 소재로 먼저 주목받는다.** 우리는 이런 시장에서 브랜드를 어떻게 주목받도록 만들어 나가야 할까?

상상하라.

우리 브랜드에
어떤 색깔을 입힐 수 있을까.

그리고, 소비자들이
우리 브랜드를 어떤 감각으로
느끼게 할 수 있을까.

브랜딩은
기획력이다.

브랜드의 KEY를 찾기 위해서는 단 하나의 시각으로는 부족하다. 슬로건, 디자인, 마케팅 DATA 등 전방위적인 자료를 취합하고 분석해 방향을 선정할 수 있는 능력, 즉 기획력이 필요하다.

리브랜딩의 한 가지 수단으로써-

아트 콜라보레이션으로
브랜드에
새로운 생기를 불어넣다.

Rebranding

리브랜딩의 유효한 수단.

브랜드 방향 전환을 고민한다면, vision의 유사성과 목적성, 방향성이 있는 아티스트와 아트 콜라보레이션을 통해 소비자의 빠른 반응과 피드백으로 리브랜딩의 결과를 가늠해볼 수 있는 유효한 수단이다. 중요한 것은 많은 돈이나 대형 프로젝트 라이선스 작가가 아닌 우리 가치와 맞는 콜라보레이션이다.

도대체 사람들은 무엇을 '새롭다'고 느끼는 걸까?

요즘 사람들이 쓰는 대화체를 들여다보면 그들의 무의식적 관여도와 관심사를 알 수 있다.

최근에는 단순한 줄임말도 아니고, 외래어도 아닌 **공감각적인 혼용 국어**가 사용되고 있다. 대중이 마치 예술가처럼 기존의 개념을 소스로 활용해 새로운 키워드와 언어를 스스로 만들어 나가고 있는 것이다. 또한 그 수준이 매우 높아 예술적 표현의 가치도 가지고 있다.

즉, 오늘의 소비자는 어떤 감상적 스타일과 가치를 가지고 있는가를 일상생활 속 단어 한마디에도 고려한다는 것이다. 내가 느낀 것을 더욱 구체적으로 전달하기 위해 더욱 깊이 있는 시각적 가치를 수집한다.

Emotional affinity

가치있는 브랜드일수록 감성적 친밀도가 높다.

브랜드의 fan들은 더욱 적극적으로 브랜딩에 참여한다. fan을 비롯한 다수의 소비자들은 브랜드가 내어 놓는 결과물을 평면적으로 받아들이지 않고 입체적이고 공감각적으로 평가한다. 브랜드와 소비자의 커뮤니케이션을 통해 브랜드 가치가 완성된다.

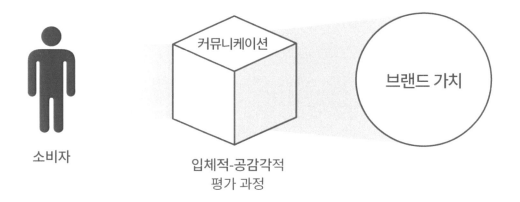

소비자　　　　　입체적-공감각적
　　　　　　　　평가 과정

입체적이고 공감각적인
브랜딩 요소

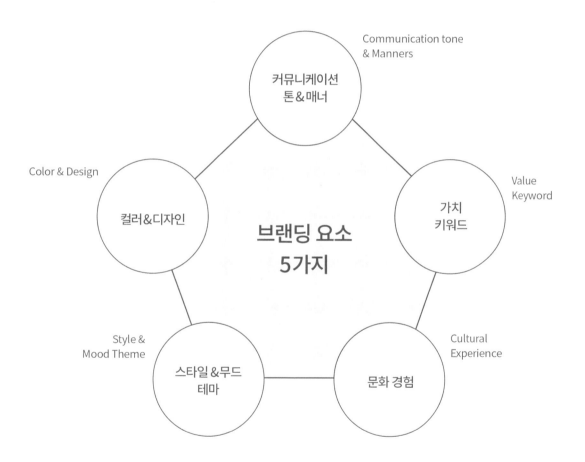

브랜딩 = [   ]이다.

[커뮤니케이션]이다.

일관된 (관리 체계)와 (톤&매너)로 고객과, 시장과 커뮤니케이션을 통해
상호작용하며 브랜드 인지적 가치를 높여가는 것이다.

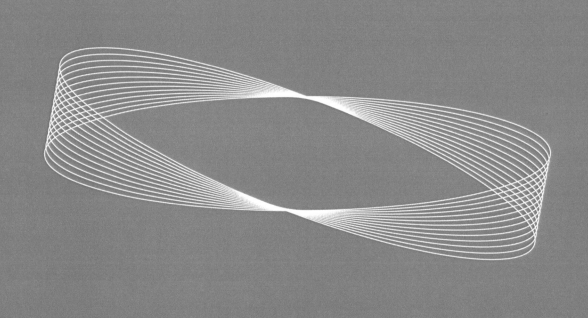

Branding communication cation detail ; 구체적인

브랜딩 커뮤니케이션의 방법

strategy

브랜드를 성장시키는 기업과 정체된 기업의 차이

2000년대 초반만 해도 마케팅이나 온라인 매체 랩사 등에서 마케팅만 별도로 진행하는 경우가 많았다. 하지만 최근 온라인 비즈니스의 성장과 함께 마케팅과 기획력을 갖추고 전문 디자이너를 영입하는 브랜딩 기획 중심의 기업들이 자리를 잡기 시작했다.

기획부터 실행까지 모든 브랜드 가치 전달의 커뮤니케이션 과정을 통합해 진행하면서 브랜드 가치를 높이는 전문 파트너 그룹과의 시너지 효과가 커지게 된 것이다.

개별적인 셀 단위의 광고는 전달하고자 하는 가치의 결이 달라질 수 있다. 이로 인해 소비자들은 혼란감을 가질 수 있고 이는 브랜딩 요소의 마이너스로 전달되게 된다.

개별적인 셀 단위의 전문 기관과 협업	브랜드 매니지먼트형
TVCF 기획사 온라인 광고대행사 매체 대행사 디자인 대행사 바이럴 대행사 · ·	브랜드 및 해당 산업군에 대한 이해도가 높은 내부 브랜드 및 마케팅 담당자 영입, 팀 구성 & 전문 기관과 브랜딩 파트너쉽 MOU 계약 형태

종합 브랜딩
CARE의 시대

개별적인 셀 단위의 전문 기관과의 협업은 브랜드 개념 체계를 제대로 전달하는데 어려움이 따랐다. 반면 전문 기관과의 브랜딩 파트너십으로 브랜드 가치를 체계화한 후, 총괄 기관을 통해 각 실무 파트를 총괄 기관이나 협업사를 통해 분배하는 방식으로 브랜딩 체계 전달의 효율성을 가져왔다.

종합적인 전문 브랜드 매니지먼트는 개별적 셀 단위에서는 볼 수 없는 브랜딩 요소의 사항을 시장의 측면에서 끊임없이 확인해 줄 수 있다.

구심점에서부터 체계화된
브랜딩 매니지먼트

하나의 목소리로 전개되는
통일된 브랜딩 가치의 구현

브랜딩 영역별 네트워킹에 따른
커뮤니케이션 시너지 효과

체계화될수록 집약되는
브랜드 정체성의 가치

종합 브랜딩 매니지먼트를 통한
효과적인 일관된 브랜딩 체계 관리

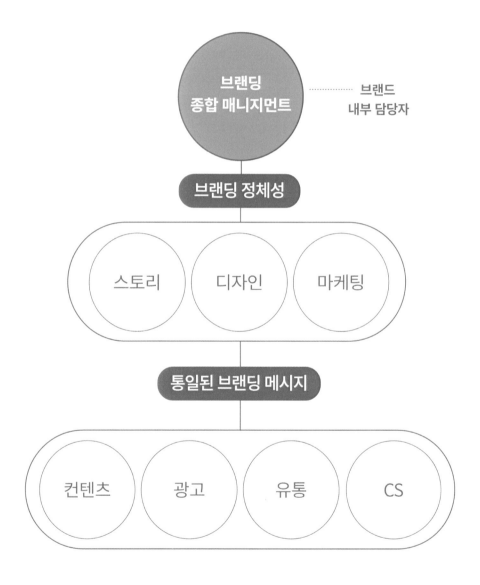

브랜드 매니지먼트의 체계

독립브랜드의 경우 환경적인 여건에 의해 마케팅, 디자인, 프로모션을 모두 별도의 외주작업으로 진행하는 경우가 많다.

하지만 외주작업의 경우에는 체계적인 관리 감독의 부재와 통일성 저하 등으로 결국 제로베이스로 돌아가게 될 가능성이 높다. 브랜딩은 지속적으로 가치를 만들어가는 작업이다. 처음부터 브랜드 키워드, 메시지, 정체성, 디자인, 컬러, 패턴 등을 하나의 결로 브랜딩 하지 않으면 지속적으로 기회비용이 증감하게 된다. 브랜드에 기획력을 갖춘 전속 브랜드 매니지먼트사가 필요한 이유다.

브랜드
매니지먼트란

유일무이한 브랜드 가치를 발굴한 후 기획, 카피라이팅, 디자인, 마케팅까지 브랜드의 성장 과정을 종합 매니지먼트 하는 것을 뜻한다. 브랜딩 매니지먼트를 통해 우리 브랜드를 특별하게 만들어주는 스타일을 찾을 수 있다.

step by step

Step.1 브랜드 가치 키워드 도출

Step.2 브랜딩 커뮤니케이션 슬로건 개발

Step.3 브랜드 색깔을 전달하는 디자인

Step.4 브랜드 가격 전략

Step.5 이벤트 & 프로모션

Step.6 유통 & 마케팅

인류는
이야기를 좋아한다.

예를 들어 한 잔의 커피가 있다고 했을 때 '이 검은색 물이 커피다'라고 말을 듣는 것 보다는 '이 커피라는 것은 뜨겁고 향긋하고 카페에서 연인과 데이트를 할 때 먹을 수 있는 것이다'는 이야기를 가미해 연상 기억하게 하면 사람들은 더욱 오래 제품과 서비스의 가치를 기억한다는 것이다.

비밀은 기억의 방에 있다. 이야기를 통해 머릿속에 기억의 방을 만들고 이 방을 연관시켜 기억의 알고리즘이 작동하게 되는 것이다.

따라서 우리는 브랜드에서 주는 알고리즘이 연관될 수 있는 이야기를 찾는 것이 중요하다. 이슈에만 집착한 커뮤니케이션만을 추구할 경우 제대로 된 브랜딩 커뮤니케이션이 되었다고 할 수 없다.

따라서 가치있는 브랜딩 커뮤니케이션을 위해서는 브랜드가 주고자 하는 명확한 키워드, 메시지, 슬로건이 도출되어 있는 상태에서 브랜드 구성원이 모두 그 메시지를 습득한 후, 소비자에게 전달하는 것이 중요하다.

스토리텔링은 단순히
이야기를 서술하는 것을
말하는 것이 아니다.

'이용자'가 알아듣기 쉽고
연상하기 쉽게
이야기를 전개할 수 있는가
하는 것이다.

널리 알려진 스토리에는 바로 '스토리의 구심점(求心點)'이 존재한다.

막무가내로 재미있는 이야기를 끌어오는 것이 아니라, 핵심과 연계되어 있는 소재들을 찾아와 스토리화하는 것이다.

트렌드에 발맞춰 콘텐츠를 확장시키는 것도 중요한 측면이나, 브랜드가 가진 핵심과 각각의 소재들이 연결되지 않는다면 소비자에게 브랜드 스토리가 전달되기 어렵다. 이것이 흔들리지 말고 브랜드 본연의 이야기를 찾아 연결해 나가는 것이 중요한 이유다.

전달력은 명쾌함에서 발화한다. 추상적인 주어, 서술어를 삭제하고 직관적이고 명쾌한 단어와 스토리를 발굴하라. 그러면 소비자는 이해하지 않고, 스토리를 받아들이기만 하면되는 더 쉬운 접근을 할 수 있다.

스토리텔링을 준비하고 있다면 브랜드와 관련되어 있는 이야기 소재들인지를 확인하고, 명쾌하게 연결하고 표현할 수 있는지를 면밀히 살펴야한다. 잘 짜여진 스토리텔링만이 살아있는 '이야깃거리'가 될 수 있다.

단,
브랜드가
말하고 싶은 것과

소비자가
들고 싶어하는
스토리텔링을
구분해야 한다.

스토리텔링의 과정

브랜드가 가진 제품과 서비스의 형이상학적 표현이나 과학적인 개념은 소비자가 쉽게 이해할 수 없다. 브랜드가 가진 상위가치를 브랜딩 언어로 교체하는 스토리텔링 과정을 거쳐야만 소비자에게 빠르게 전달할 수 있는 '브랜딩 커뮤니케이션'이 완성될 수 있다.

HOW TO
브랜딩 커뮤니케이션

전달하고자 하는
브랜드 가치에 따른
스토리텔링 카테고리 분류

∨

브랜드 핵심 **스토리테마**
및 **키워드 발굴**

우리 브랜드 만의 색깔을
어떻게 찾아낼 수 있을까?

브랜드 색깔은 COLOR 개념에 어떤 질감과 재질, 채도의 분위기를 전달할 수 있는가를 포함해 기획해야 한다.

브랜딩에서 주로 사용되는 주요 컬러

노란색 : 활동적, 명랑, 희망, 기쁨 시각적인 명시성이 높아 눈에 잘 보인다. 채도를 낮춰 어두운 노란 계열을 사용하면 안정감 있고 부드러운 브랜드 연출이 가능하다.

주황색 : 활동적이고 식욕을 돋우는 색상. 다른 색깔과 함께 포인트를 주기에도 적합한 컬러. 낙천적, 사교적인 스타일을 제안한다.

초록색 : 자연과 식물의 색으로 평화와 자연을 표현하며 치유와 평온함을 선사한다. 그레이나 베이지 색상과도 잘 어울리며 채도를 낮추면 안정감에서 오는 친근하면서도 지적인 분위기도 연출할 수 있다.

파란색 : 활동성을 가진 색깔로 성실함과 신뢰를 높이는 색이다. 비즈니스 관련에서 정통적인 희망과 지혜의 아이콘 색으로 쓰인다.

갈색 : 땅의 따뜻함과 전통의 포용력을 보여주는 색. 클래식하고 품격있는 색상으로 자연스럽게 돋보이게 한다.

우리 브랜드의
가격전략

가격 구성을 통해 브랜드 가치를 상승시킬 수 있다. 브랜드의 가격 전략은 현재 소비자, 가까운 미래 소비자, 잠재 고객을 고려해 기획된다. 브랜드의 가격은 표면적인 제품이나 서비스의 일차적인 가격만 있는 것이 아니다.

가격 전략은 저렴한 가격을 중심으로 하는 원가 우위 가격 전략과 가치에 의한 차별화 가격 전략으로 나뉜다. 원가 우위에 의한 가격 전략은 저렴한 가격을 통해 시장 유통과 확산에서 시장을 점유할 수 있다. 하지만 브랜딩 가치 개발을 통해 장기적인 브랜드를 구축해 나가고자 한다면 차별화 가격 전략 단위에서 구체적인 가격 설계가 필요하다.

런칭 가격, 프로모션 가격, VIP 혜택 가격, 신규회원 가격, 재구매 가격이 모두 상이하다. 제품과 서비스의 가격 기준점을 잡고 브랜드 이미지를 구축해 나갈 수 있는 가격 베리에이션이 필요하다.

단품의 가격을 통해 소비자의 접근성을 높일 수 있으며 패키지 및 대량구매 가격전략을 통해 사업영역의 확장을 시도할 수 있다. 브랜드의 사업을 어떻게 목표를 가지고 확장할 것인가에 따라 초기 가격전략을 수립하는데도 반드시 전략이 필요하다.

[다양한 브랜드 가격 구성의 MAP]

샘플링 가격	단품 가격	세트 가격
패키지 가격	큐레이션 가격	대량구매 가격
재구매 가격	프로모션 가격	제휴 가격

브랜드 이벤트 &
프로모션

브랜드 이벤트는 연간 계획으로 사전에 설정하되, 브랜드 이미지를 격상시킬 수 있는 메인 프로모션에 대해 특별 기획이 필요하다. 예를 들어 같은 식품 브랜드 일지라도 온라인 브랜드와 오프라인 매장을 가진 브랜드의 메인 프로모션 시기는 다르다.

오프라인 매장에서는 외식과 행사가 많은 5월 가정의 달과 12월 연말에 가장 폭발적인 시너지 효과를 보인다. 반면 온라인 매장에서는 조금 더 트렌디하며 젊은 사회적 이슈에 기반해 빠르게 소비자가 유입되는 경우가 많다.

따라서 광고비 집행과 마케팅에도 온라인 매장은 지속적인 광고비 계획이 필요하며 오프라인 매장에서는 주요 이슈 시즌별 집중적인 붐업 광고비용이 필요하다. 우리 브랜드와 관련성이 깊은 시즌 이슈를 놓쳐서는 안되며 최소 3개월 전부터 사전 프로모션 준비를 시작해야 일정에 맞춰 프로모션을 시작할 수 있다.

[연간 이벤트 프로모션 캘린더]

신정 / 대체휴일 / 스키시즌 / 겨울방학 / 대입 / 신년회 — 1월

2월 — 입춘 / 정월대보름 / 발렌타인데이 / 이사 혼수 준비 시즌

화이트데이 / 입학 / 상반기 공채 / 봄 시즌 프리뷰 — 3월

4월 — 식목일 / 부활절 / 만우절 / 결혼 시즌 / 봄소풍 / 중간고사

가정의 달 / 어린이 날 / 어버이 날 / 스승의 날 / 축제 — 5월

6월 — 호국보훈의 달 / 휴가 준비 시즌 / 기말고사

초복 / 중복 / 여름방학 / 물놀이 — 7월

8월 — 광복절 / 직장인 휴가

추석 / 가을 결혼시즌 / 하반기 공채 — 9월

10월 — 개천절 / 한글날 / 할로윈데이 / 중간고사

입동 / 빼빼로데이 / 블랙프라이데이 / 수능 — 11월

12월 — 성탄절 / 연말 송년회 / 기말고사

유통 &
마케팅

우리 브랜드의 소비자가 어떤 시즌에, 어떤 채널로 우리 브랜드를 접하게 될지를 사전에 기획하고 소비자가 걸어올 수 있는 유통&마케팅 채널의 길을 만들어야 한다.

유통

어디에 유통하는가에 따라 향후 5년의 미래가치가 달라질 수 있다. 독립브랜드가 모든 온라인 오프라인 채널에 유통하는 것은 어려움이 따른다. 그렇기 때문에 어떤 채널로 어떻게 유통을 시작할 것이며 향후 어떻게 유통 채널을 확장해 나갈 것인가에 대한 고민이 필수적이다.

최근 오프라인 마켓을 비롯 온라인을 마켓에서도 단독몰 입점을 요구하는 매장과 쇼핑몰이 많아지고 있다. 고유한 쇼핑몰의 가치를 갖기 위해 다수의 브랜드보다 소규모의 브랜드를 단독으로 보유하고 가치를 높이기 위해 많은 홍보와 마케팅을 진행하고 있다.

우리 독립브랜드 역시, 독립몰 입점을 진행할 것인가 다수의 소셜커머스나 오픈마켓을 통해 시장력을 높일 것인가의 결정의 기로에서 반드시 선택해야 한다.

또한 독립브랜드는 사업 초기부터 온라인 유통과 오프라인 유통을 구분해 체계적인 유통관리 매뉴얼을 수립해야 한다. 특히 독립브랜드일수록 긴밀한 소비자와의 접점을 위해 온라인의 경우 입점 채널, CS 시간, 배송출고 시간, 환불지침을 사전 기획하는 것이 필수이다. 유통이란 브랜딩 관점에서 우리가 어떤 시장으로 가고자 하는 가치를 보여주는 것이다. 브랜드 가치에 맞는 최적화된 유통 채널로 확장해야 한다.

[유통 전략 MAP]

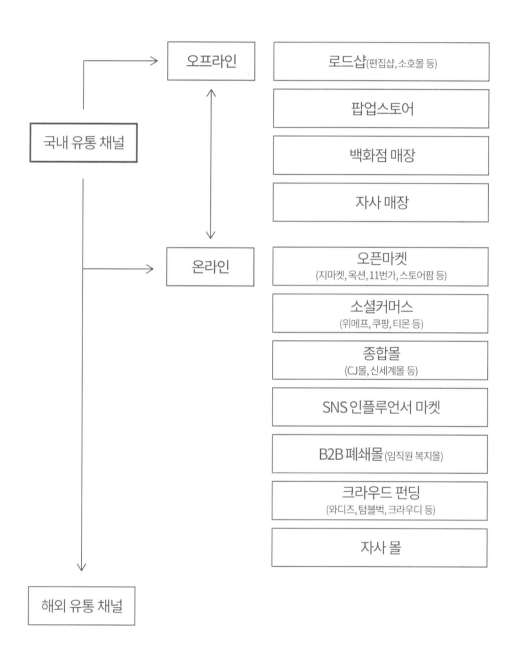

마케팅

브랜딩 마케팅 전략은 브랜딩의 모든 가치를 함축해 전달하고 확장해야 하는 핵심적인 요소이다. 다수의 많은 독립브랜드들이 마케팅을 시작해야 한다고 하면 마케팅 채널부터 선정하는 경우가 많다.

'요즘 다들 인스타그램 하던데?'
'요즘 다들 유튜브 하던데?'
'페이스북도 하면 좋은거겠지?'

블로그와 인스타그램, 페이스북, 유튜브, 틱톡, 핀터레스트, 밴드 플러스친구, 와디즈, 체험단, 서포터즈 등 수많은 온라인 미디어 채널, 우리 브랜드에 맞는 채널은 무엇일까?

브랜딩 마케팅을 위해 가장 먼저 선행되어야 할 것은 우리가 어떤 목표를 단계별로 가져야 할 것인가, 우리가 어떤 콘텐츠를 보여줄 것인가 하는데 달려있다. 즉, 우리 브랜드의 가치를 어떻게 전달했을 때 더욱 직관적으로 느끼게 할 수 있을 것인가에 대한 결정 과정을 거쳐야 한다.

[브랜딩 마케팅의 매체 선정 process]

독립브랜드의 브랜딩 마케팅은 강력한 스토리텔링에 기반해야 효과적일 수 있다. 다양한 콘텐츠를 보여주는 것보다 지속적이고 명확한 가치 전달을 목표로 마케팅 계획을 수립해야 한다.

효과적인 마케팅을 위해서는 일 단위, 주 단위, 월 단위의 마케팅 목표가 필요하다. 특히 시기와 트렌드에 맞춘 기업형 스토리텔링의 발굴은 지속되어야 한다. 브랜드가 성장하기 위한 체계적인 마케팅 전략을 수립하고 실행하는 성실한 과정이 필수적이다.

데이터가 자산이다

마케팅 전략은 현황과 미래 목표를 설정하고 DATA에 근거한 마케팅 전략을 수립하는 것에서 시작해야 한다. 그렇다면 주요한 고객 DATA란 무엇일까?

고객이 우리 브랜드에 접근한 과정, 우리 브랜드를 소비하거나 떠난 과정, 다시 우리 브랜드를 재구매한 과정, 친구에게 소개해준 과정 그 모든 것이 DATA이다.

독립브랜드의 경우 초기 사용자 데이터가 향후 브랜드 방향 설정에 중요한 나침반 역할을 한다. 빠른 분석과 솔루션 도출을 위해 브랜드로 피드백되는 다양한 데이터를 반드시 수집해야 한다.

기억하라.
우리가 고객에서 얻고자 하는 것은 돈 만이 아니다.

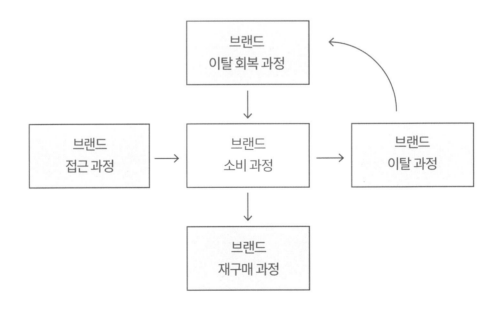

브랜드 가치 찾기
Finding brand value

똑같은 마케팅과 스토리텔링을 따라할 것이 아니라 **고유한 우리 브랜드만의 것을 찾아내는 작업**이 필요하다.

상황과 문제를 진단하여 '가치있는 정체성'을 가진 브랜딩으로 단계적으로 완성해야 한다.

가치 없는 것과 가치있는 것을 구분해 브랜드를 본연의 색깔을 찾는 것.

고유한

브랜드 본연의 색깔

우리 브랜드

가치있는 것 마케팅

가치있는

정체성

스토리텔링

가치없는 것

HOW?

브랜딩 탐구
Branding quest

탐구;[探究, inquiry]
이론 정립을 위한 지적 노력

BRANDING PROCESS

One Brand
Only value

당신의 브랜드를 단 하나의 색깔로 말 할 수 있습니까?

당신의 브랜드를 단 하나의 키워드로 말 할 수 있습니까?

당신의 브랜드는 유일무이한 무엇을 가지고 있습니까?

DESIGN
브랜드 컨셉

STORY
브랜드 고유가치

MARKETING
브랜드확산

브랜드 매니지먼트,
브랜드의 목표설정에서부터
위기관리까지

브랜드 매니지먼트를 위해서는 스토리텔링, 마케팅, 디자인을 기획하고 실행할 전체적인 시야를 보유한 브랜딩 정체성이 필요하다. 브랜드의 현재 상황과 미래 나아가야 할 VISION을 설계하고, 그 길을 확장하기 위한 마케팅 전략까지 포함된다.

즉, 고객에게 브랜드를 하나의 정체성으로 표현할 수 있는 로고, 슬로건, 마케팅 채널, 스토리텔링, 영상, 제휴, 캠페인, 여론 관리 등 브랜드의 모든 전사적 상황을 기획하고 관리할 수 있어야 한다.

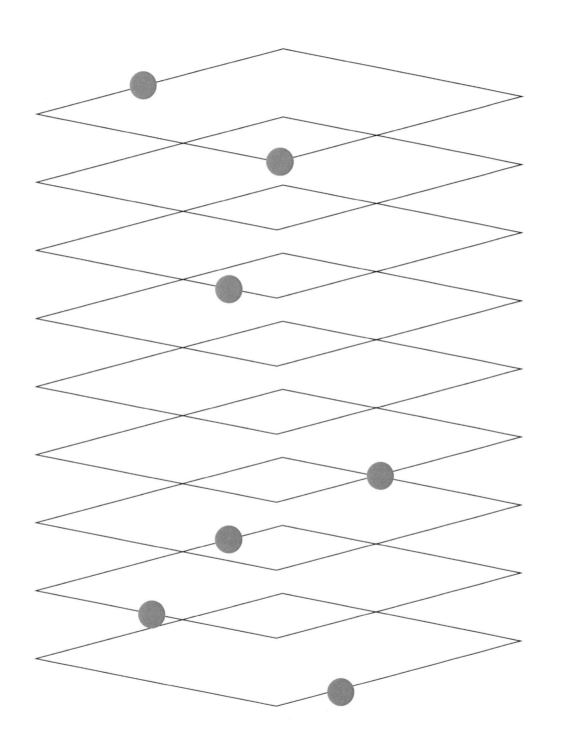

서사가 있는 **스토리**

섬세한 **접근**

소비자의 **러브마크**

공격적인 **확장**

직관적이고 명료한 **키워드**

문화적 **공감대**

Branding lounge

브랜딩 라운지.

우리 브랜드만의 플랫폼.

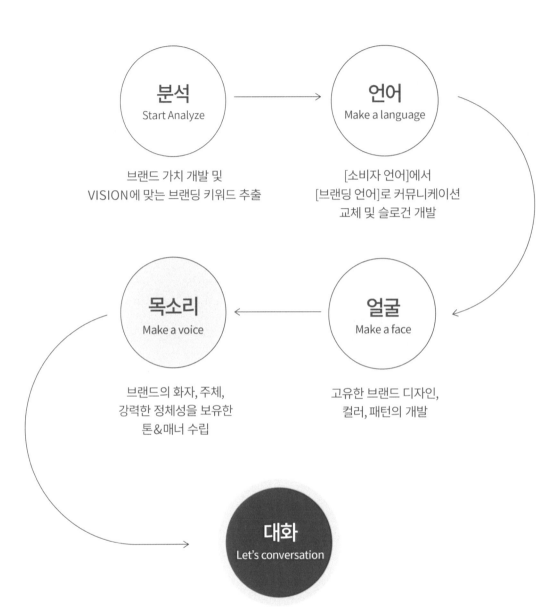

분석
Start Analyze

브랜드 가치 개발 및
VISION에 맞는 브랜딩 키워드 추출

언어
Make a language

[소비자 언어]에서
[브랜딩 언어]로 커뮤니케이션
교체 및 슬로건 개발

목소리
Make a voice

브랜드의 화자, 주체,
강력한 정체성을 보유한
톤&매너 수립

얼굴
Make a face

고유한 브랜드 디자인,
컬러, 패턴의 개발

대화
Let's conversation

시장과 소비자가 진정성을 느끼고
유입되며 소통할 수 있는
브랜딩 채널 운영의 시작

브랜딩은
하나의 목소리다.

브랜딩은 제품과 서비스를 구성하는 다양한 요소들을
하나의 통일된 목소리로 구현시키는 것이다.

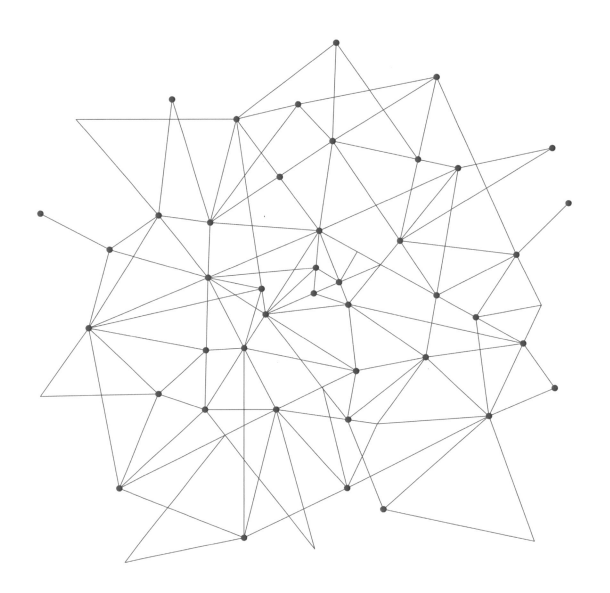

BRANDING
COMPONENT
브랜딩요소

브랜딩은
시너지다.

브랜딩은 메시지, 디자인, 마케팅 등의 다양한 영역을
아우를 수 있는 통찰력 있는 기획력과 실행력이 필요하다.

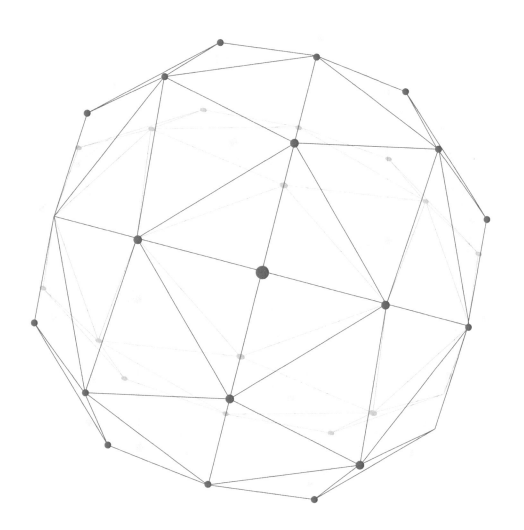

브랜딩이라는 감각적 상징에 대하여

감각적, 의식적 체화(體化)요소

브랜딩 기획의 트라이앵글

브랜딩 고유 언어론

브랜딩 언어의 개념 체계

브랜딩을 위한 심상적 언어의 밀도 구분하기

브랜딩 가치를 찾는 10가지 질문

우리는 어떤 날에 가장 만나고 싶은 브랜드 인가?

우리는 몇 시에 만나는 브랜드 인가?

우리는 어떤 날씨에 가장 멋진 브랜드 인가?

우리 브랜드와 가장 먼저 친구가 되어줄 사람은 누구인가?

우리 브랜드의 무드 키워드는 무엇인가?

우리 브랜드의 가치 키워드는 무엇인가?

우리 브랜드의 스타일 키워드는 무엇인가?

우리는 어떤 컬러를 보여주는 브랜드 인가?

우리는 어떤 온도로 대화하는 브랜드 인가?

우리는 세상에 유일무이한 무엇을 가진 브랜드 인가?

브랜딩이라는 감각적 상징에 대하여

감각적, 의식적 체화(體化)요소
브랜딩 기획의 트라이앵글

고객과의 감각적 소통으로 완성되는 브랜딩

브랜드 소셜네트워크 채널을 통해 팬(FAN)들은 더욱 적극적으로 브랜딩에 참여한다.
브랜딩 소셜 커뮤니케이터의 인문학적 공감 가치가 높아지는 감성적 친밀도가 중요하다.

감각적, 의식적 체화(體化)

브랜딩이란 사람들의 마음속에 한 명의 친구처럼 살아있는 입체적인 감각을 느끼도록 하는 것으로 감각적이고 의식적인 요소들을 포함한다. 따라서 브랜드가 세상에 어떤 톤으로 말을 할 것인지, 어떤 성향의 스타일을 보여줄 것인지 등 추상적인 개념까지 포함하고 있다.

예를 들어 농담을 잘하고 유쾌한 성향을 가지고 있어 늘 쉽게 사람들이 다가갈 수 있는 사람이 있는 반면, 사람들과 한발 떨어져 조용하고 쉽게 다가갈 수 없지만 그래서 더 알고 싶고, 더 긴밀하게 친해지고 싶은 사람도 있다.

이처럼 브랜딩이란 브랜드를 소비자 생각과 마음에 각인시켜나가는 과정으로 하나의 인물을 체화 시키는 것과 같은 과정을 거친다. 이것이 어떤 단어와 스타일로 보여줄 것인지를 기획해야 하는 이유다.

즉 브랜드의 시작을 위해서는 톤&매너, 브랜드 스타일의 성향의 감각적 방향을 잡아야 한다. 브랜드의 톤&매너에는 신사적인, 캐주얼한, 친근한, 동양적인, 유러피안적인, 명상적인 등 다양한 스타일이 존재한다. 브랜드가 표현해내고자 하는 감각의 목표에 따라 브랜드의 톤&매너를 수립해야 한다.

다만 이 스타일 설정에 앞서 고착화된 스타일을 고집할 필요는 없다. 브랜드의 목표와 가치, 방향에 따라 예를 들어 스트리트 브랜드 일지라도 브랜드 비전이 핸드메이드 고급화가 지향점이라면 신사적인 톤&매너를 발전시켜 나갈 수 있다. 또한 가격 로열티가 있는 브랜드일지라도 타겟층의 구매 패턴과 소비패턴에 따라 더욱 심플하고 키치한 스타일의 톤&매너도 수립할 수 있다.

브랜드의 톤&매너와 스타일을 수립할 때 가장 중요한 것은 우리 브랜드가 어떤 방향으로 사업을 확장시켜나갈 것인가 하는 것이다.

브랜딩이란 브랜드의 영어 표기 brand에 ing가 붙은 형태로 브랜드에 명을 부여하는 작업 자체를 뜻하고 있다. 즉 특정 제품과 서비스가 소비자의 마음속에 고유한 형태로 자리 잡는 일련의 가치 생산의 과정을 포함한다.

팔로워(follower)가 팬(fan)이 되기까지.
아무리 좋은 이야기도 자주하면 잔소리다.

우리는 간혹 브랜드만의 콘셉트에 함몰되어 브랜드의 강력한 메시지만을 주고자 하는 함정에 빠지곤 한다. 그러나 우리의 이야기를 듣고 있는 팔로워들이 우리의 이야기를 받아들일 준비가 되었을까? 브랜드의 팔로워가 되었다고 해서 모든 팔로워가 마음을 열고 브랜드에 사랑을 주는 것이 아니다.

고객은 다양한 이유로 브랜드의 팔로워가 된다. 때마침 브랜드와 관련된 이슈가 있어서, 향후 구매 계획이 있어서 등 브랜드를 사랑하지 않고도 다양한 계기로 팔로워가 될 수 있다.

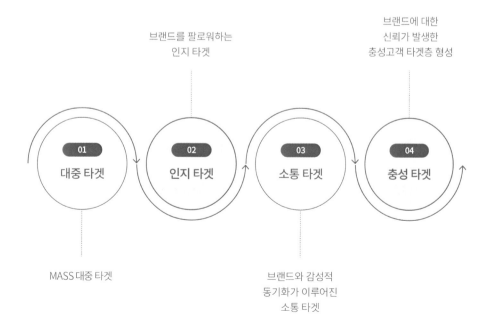

공유감성

우리에게 다가온 소중한 팔로워를 어떻게 하면 팬으로 만들 수 있을까. 무작정 브랜드가 알리고 싶은 메시지만 보낼 수도 없고, 소비자가 듣고 싶은 이야기만 할 수는 없다. 또한 매월 이슈가 다르고 소비자의 체감 경기가 다르다. 따라서 스토리텔링 콘셉트 부터 이야기의 구성을 철저하게 비중을 나누어야 한다.

궁금하지 않은 정보는 쓰레기에 불과하다. 하지만 평소 관심 있던 분야나 필요한 제품 정보를 가지고 있는 브랜드는 궁금증과 호기심이 생겨난다. 적절히 소비자의 호기심을 불러일으키는 이야기와 브랜드가 하고자 하는 이야기, 그리고 우리가 함께 나누어야 할 공통분모의 감성을 찾아야 한다.

여러 명의 친구가 있더라도 만나면 게임만 하는 친구, 쇼핑만 하는 친구, 속 깊은 이야기를 나누는 친구까지 모두 다르다. 그 차이는 바로 교감에서 온다. 바로 공유할 수 있는 감성이 필요하다는 것이다. 공유할 수 있는 감성은 따뜻하거나 사랑스러움만을 뜻하지 않는다. 차갑거나 재치 있거나, 풍자적이거나, 도전적인 모든 감성적인 요소로도 공감할 수 있다.

이것이 성공할 때, 바로 브랜드 내면의 정체성이 수립되고, 팬(FAN)을 가질 수 있는 매력적인 브랜드가 될 수 있다.

작지만 큰 시그널

팔로워들이 보내는 시그널을 놓쳐서는 안된다. 팔로워들의 시그널은 한 번에 크게 오지 않는다. 단 한 번의 LIKE를 보내고, 한 줄의 DM을 보내고, 가벼운 이모티콘을 사용하고, 30자 내외의 댓글을 남기는 것으로 팔로워들의 시그널이 도착한다.

이제 그들이 보내는 시그널을 캐치해야 한다. 우리의 어떤 스토리텔링에 관심을 가지는지, 무엇을 공유하고 싶어 하는지, 혹시 불쾌하다고 느끼는 이야기가 있는지. 그리고 팔로워들이 보내온 시그널과 브랜드의 피드백들이 모여 브랜드와 팔로워 간의 '특별한 분위기'가 완성된다.

우리 브랜드만의 색깔, 우리 브랜드만의 팬을 가지고 싶다면 지금 팔로워들이 보내는 시그널을 캐치하는 것부터 시작하자.

브랜딩 하지 않는 브랜드도 세상에 수없이 존재한다.

브랜딩은 브랜드를 영속하기 위한 수단이다.

브랜딩은 브랜드를 영속하기 위한 수단으로 정의할 수 있다. 우리는 브랜드 가치를 개발하고 수정하고 보완하고 발전시키는 브랜딩 과정을 지속적으로 실천해 나가야 한다. 브랜딩을 구성하는 요소가 무엇인지 살펴보고 브랜딩 가치를 발전시킬 수 있는 방법을 연구해야 한다.

따라서 브랜딩은 제품과 서비스의 카테고리마다 타겟층마다 명백히 저마다 다른 가치를 지니고 있다. 뿐만 아니라 브랜드의 개발 배경, 주요 매출처, 사업 확장력에 따라서도 브랜딩 전략은 반드시 수립이 필요하다. 브랜딩은 브랜드를 성장시켜나가는 일련의 제품개발, 유통, 마케팅, 디자인, 서비스의 모든 측면을 포함하기 때문이다.

사람에게도 나이가 있듯이 브랜드에도 수명이 있다. 유년기 가지고 놀던 장난감을 더 이상 가지고 놀지 않는 것은 그때 느꼈던 재미와 흥분을 느낄 수 없기 때문이다. 소비자는 변화하고 성장하는데 브랜드 가치가 정체되어 있다면 그 브랜드는 사장될 것이다. 때문에 브랜드를 영속하기 위한 브랜딩 전략 수립 방법을 체계적으로 수립할 수 있어야 한다.

브랜딩을 완성할 수 있는 브랜드 가치를 성장시켜나가기 위해서는 올바른 브랜드 전략을 수립하고 구성 요소를 확립하는 것이 선행되어야 한다.

브랜딩 기획의 트라이앵글

1. 브랜딩 마케팅 : 브랜드를 시장에 유통시키고 확산하는 요소

2. 브랜딩 디자인 : 브랜드의 무형가치를 감각적으로 구체화시키는 요소

3. 브랜딩 스토리텔링 : 브랜드의 특장점을 기반으로 제품이나 서비스의 정체성 근간 요소

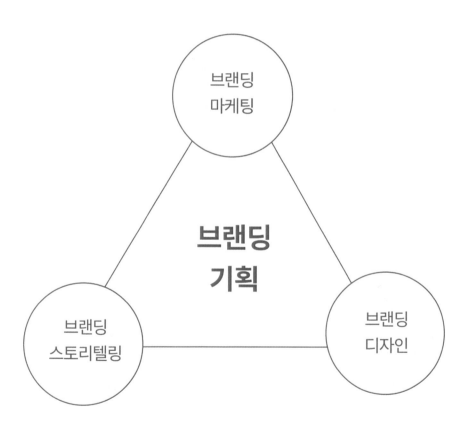

[브랜딩 마케팅 요소]

Q. 우리는 소비자와 언제, 어떤 상황에서 만날 것인가?

Q. 우리는 어떤 채널을 통해 소비자와 소통하고 만날 것인가?

Q. 어떤 CS마인드로 고객을 맞이할 것인가?

[브랜딩 디자인 요소]

Q. 우리 브랜드가 적용될 제품이나 서비스의 소재적 특징은 무엇인가?

Q. 어떤 말투(톤&매너)로 브랜드를 말할 것인가?

Q. 어떤 색깔(Color)로 제품과 서비스를 디자인할 것인가?

[브랜딩 스토리텔링 요소]

Q. 우리 브랜드만의 유일무이한 특장점은 무엇인가?

Q. 우리 브랜드는 현재 몇 살이고 향후 몇 살까지 성장할 것인가?

Q. 소비자에게 어떨 때 만나고 싶은 스타일(성격)의 친구로 체화될 것인가?

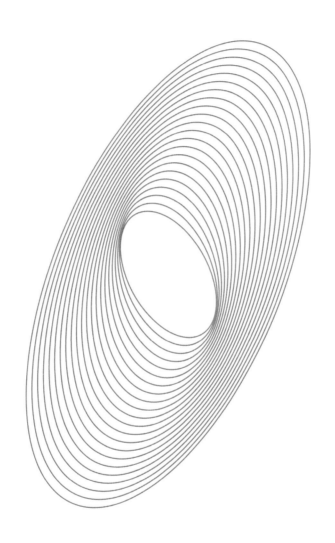

콘텐츠를 읽고
해석하는 방법도 변한다.
브랜드 콘텐츠는 소비자에게
설명이 아닌 '가치'를 전달해야 한다.

블로그의 이렇게 하세요 보다

유튜브의 이렇게 살아요 가 더 좋은 이유

브랜딩 소비 라이프 스타일 루틴 – 모방하고 재해석한다

브랜딩, 브랜드의 얼굴을 만들어내다
상징적, 구조적 요소

하나의 국가가 성립하기 위해서는 영토, 국민, 정부, 주권이 필요하다. 브랜딩도 이와 같다. 하나의 브랜드가 브랜딩으로 정체성을 갖기 위해서는 브랜드가 서 있는 시장의 포지셔닝, 브랜딩을 다루는 통일된 규칙, 소비자, 관리체계가 반드시 필요하다.

하나의 제품이나 서비스가 미래가치를 형성하고 영속하기 위해서는 반드시 브랜드가 제대로 된 정체성을 구현하고 성장할 수 있는 브랜딩 과정이 필요하다.

브랜딩을 완성하는 상징적이고 시각적인 요소들은 브랜드가 입고 있는 옷과 같다. 로고, 패키지, 슬로건, 어떤 상점에서 판매를 하는가까지 모두 구조적인 요소에 포함된다.

로고의 측면에서도 텍스타일, 심볼형, 캘리그라피형, 추상형, 이니셜형 등 다양한 스타일이 존재한다. 브랜딩을 위해 다양한 선택지 중 우리 제품과 브랜드에 맞는 브랜딩 디자인을 선택하기 위해서는 브랜드가 내포하는 정체성과 표현하고자 하는 상징적 요소를 선별해야 한다.

유기농 야채를 원료로 한 제품이라면 유기농 야채가 주는 이미지적 특성을 강화한 요소를 선택하고, IT 및 테크 분야의 경우에는 세련되고 기술적인 느낌을 전달할 수 있는 심볼과 이미지형 디자인에서 발전과정을 거치게 된다.

또한 브랜드를 어디에서 판매하는가까지 브랜드의 가치전달 요소에 포함되기 때문에 온라인 매장, 오프라인 매장 중에서도 어떤 지역, 어떤 온라인몰(mall)에서 판매를 진행할 것인가는 주요한 브랜딩 유통 전략의 범위이다.

브랜딩에 유통이 중요한 가치를 지니는 이유는 유통이 브랜딩에 분명한 가치와 영향을 미치기 때문이다. 우리는 누구나 재래시장에서 유통하는 의류 브랜드와 스트리트 편집숍에서 유통되는 브랜드, 백화점에서만 유통되는 브랜드의 가치를 막연하게 구분할 수 있다. '어디에 가면 살 수 있다'라고 떠오르는 유통채널의 가치도 브랜딩에 포함되는 이유다.

브랜딩 언어의 개념 체계

우리는 흔히 광고나 PR에서 사용하는 통용화된 문구를 우리 브랜드에도 적용하길 원한다. 왜냐하면 그래야만 모든 소비자가 보다 쉽게 이해하고 빠르게 전달될 것이라는 생각 때문이다. 하지만 브랜드 고유의 언어를 개발하는 브랜딩 언어는 반드시 브랜딩 개발 활동에 필요한 항목이다.

우리 브랜드의 말들을 어떻게 우리 브랜드만의 '브랜딩 언어체계'로 수립할 수 있을까? 이 해법을 위해서는 우리만이 가지고 있는 가장 중요한 감각적 가치와 제품과 서비스적인 특징을 확인해야 한다.

브랜드를 고객에게 감각적으로 전달하는 브랜딩을 하기 위해서 가장 먼저 오감(시각, 청각, 후각, 미각, 촉각)적 특징에서 우리 브랜드만의 특장점을 기술해보아야 한다. 또한 성분적 특징, 서비스적 특징, 가격적 특징에 대해 동시에 기술해 우리 브랜드만의 색깔이 어디에 있는지를 확인해야 한다.

브랜딩 언어를 발굴하다 보면 예상치 못하게 브랜딩 정체성의 체계가 잘못되었다는 것을 발견하는 경우가 많다. 제품은 명품가인데 성분이 평범하거나, 서비스면이 준비되지 않은 경우도 있으며 가격은 중저가인데 오감적 특성이 너무나 어려워 쉽게 브랜드 경험이 발생하기 어려운 경우들도 있다.

이처럼 우리 브랜드만의 올바른 브랜딩 언어 체계를 수립한다는 것은 올바른 브랜딩 정체성을 수립하는 것과 같다.

브랜딩 언어는 하나의 요소로 매장과 마케팅, 유통 전반에 걸쳐 브랜드를 관통하는 키워드로 활용될 수 있다. 이제 브랜딩 언어를 적극적으로 활용하기 위해 shop 내부에서는 접객 멘트와 인사말로, 디지털 사이니지에는 디자인된 슬로건으로 적용시킬 수 있다.

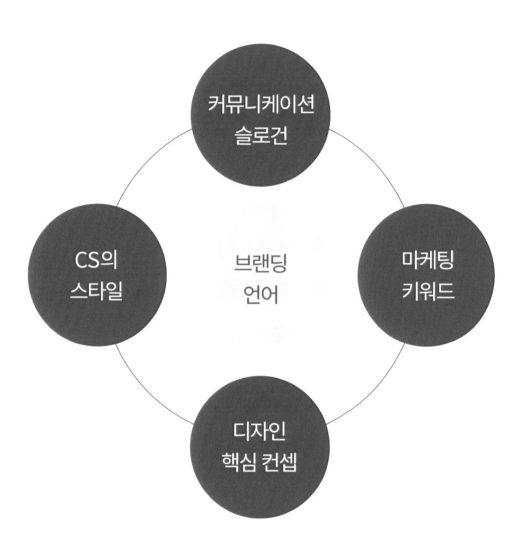

커뮤니케이션
슬로건

CS의
스타일

브랜딩
언어

마케팅
키워드

디자인
핵심 컨셉

브랜딩을 위한 심상적 언어의 밀도 구분하기

브랜딩의 심상적 언어는 결에 따라 달라진다. 아래 주어진 문장의 온도를 살펴보자.

관계에 대해, 우리는 이렇게 말할 수 있다.

우리는 사이가 좋다.

그와는 편안한 관계이다.

그 사람과 나는 허물없다.

그 사람이 보여준 호의에 대해 이렇게 말할 수 있다.

그 사람은 상냥한 사람이다.

그 사람은 내게 친절하다.

그 사람은 매일 다정하다.

어떤 분위기에 대해 이렇게도 말할 수 있다.

그 사람은 기품이 있다.

그 사람은 고상하다.

그 사람은 지혜롭다.

우리가 사용하는 언어에 따라 우리는 친밀도와 신뢰도를 다르게 느끼고 있다. 어떤 제품이나 서비스의 인식에 대해서도 막연하게는 비슷하다고 생각해왔지만 분명히 차이가 있다. 막연한 브랜드로 남지 않기 위해 우리의 모습을 분명히 보여주기 위해 확실한 커뮤니케이션 브랜딩 키워드가 필요하며 브랜딩 키워드의 밀도를 구분할 수 있어야 한다.

'튀고 싶은' 브랜드들은 사람들을 '웃기고' 싶어한다.

하지만 웃음에는 많은 종류가 있다. 피식 새어나는 웃음인 실소, 온몸을 활짝 펴서 웃는 파안대소, 쌀쌀한 태도로 비웃는 냉소, 독기를 품고 웃는 독소도 있다. 우리 브랜드를 보고 웃는 고객의 웃음이 어떤 종류인지 정확히 알아야 한다. 고객이 짓는 웃음이 마음에서 우러나지 않고 스쳐 지나가는 웃음이거나, 비웃음일 수 있다는 이야기이다.

그렇다면, 진정 브랜드를 향해 고객들이 보내는 러브마크 싸인은 어떤 유머로 만들어져 있을까? 핵심은 긍정의 키워드와 고급스러움이다. 브랜드의 가치를 잃지 않도록 브랜드 타겟의 분위기와 스타일에 맞는 유머단계의 조절이 필요하다. 또한 긍정적인 싸인을 내포하고 있는 함의적 의미가 반드시 포함되어야 한다.

표현이 거칠고 투박하다고 해서 고급스럽지 않은 것이 아니다. 브랜드 핵심 키워드와 연결되는 직관적이고 명료한 키워드가 수립되어 있다면 표현을 다양화할 수 있다. 다만 우스꽝스러운 표현에 집중해 브랜드 스토리텔링을 전개하다보면 브랜드의 가치를 잃을 수 있는 상황이 발생할 수도 있다는 것이다. 눈살을 찌푸리는 스토리텔링과, 진짜 웃음을 유발하는 스토리텔링은 여기에서 발생한다.

브랜드가 전달하고자 하는 핵심 메시지를 먼저 명료하게 기획하되, 표현의 기법을 다양화해야 한다. 소비자의 진정한 러브마크를 획득하고 싶다면, 소비자의 마음을 설레게하고 행복하게 하고 다시 만나고 싶게 할 수 있는 사인을 보내야 한다. 어떻게 재밌게 표현할지를 고민하고 있다면, 그전에 무엇을 말하고 싶었는지부터 되짚어보자. 우리가 사랑하는 사람에게 메시지를 보내듯, 브랜드 스토리텔링도 동일하다. '나' 자신인 브랜드를 멋있게 소개하면서도 상대에게 웃음의 피드백을 받을 수 있어야 한다.

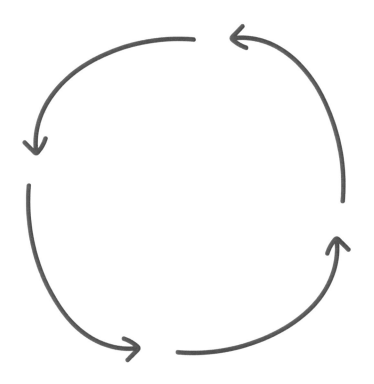

BRANDING
PRACTICE

結 結合
格 격결
合 합

결이 같아야 격이 살고,
격이 살아야 합이 이루어진다.

브랜딩
방향감각
方向感覺

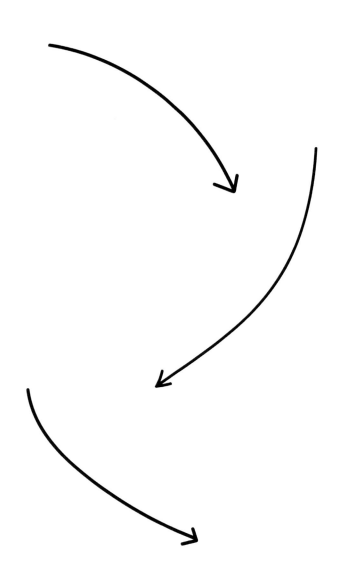

브랜딩의
길눈을 밝히다.
sense of direction

우리 브랜드는
어디에 있는가?

우리 브랜드만의 가치를 발굴하고
브랜딩 경험을 설계해보는 가이드

다음은 브랜딩 구축의 요소와 가치를 찾기 위한 Question.
질문에 대답하며 우리 브랜드만의 요소와 가치를 찾아
브랜딩 설계를 경험해본다.

우리 브랜드는
세상에 왜 태어났는가?

Why was our brand born?

우리 브랜드의 경쟁사는 누구인가?

Who is our competitors?

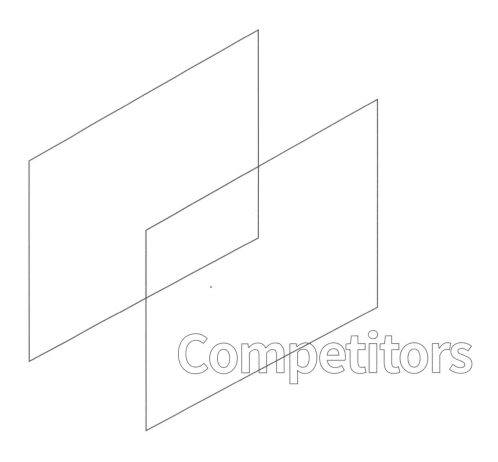

경쟁사와 구별되는
우리만의 스타일은 무엇인가?

What is different point with competitors?

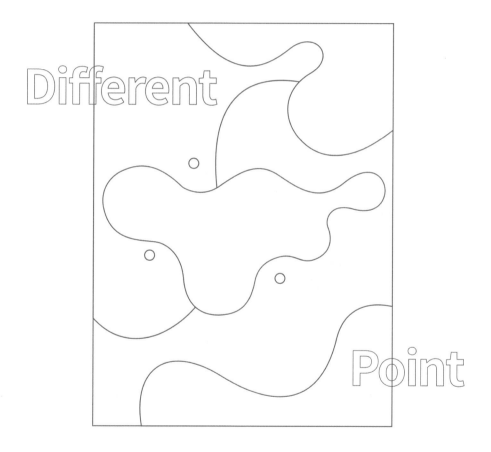

우리 브랜드에서 가장 많이
노출하고 있는 키워드는 무엇인가?

What is most exposed that lauguage and keywords from our brand?

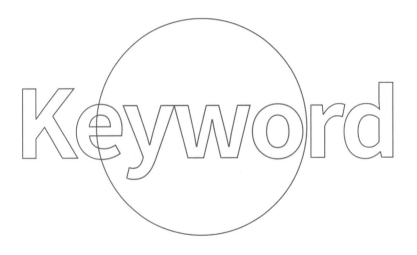

우리만의 가치를 강화하기 위해 가까운 미래, 개선/보강 될 수 있는 요소는 무엇인가?

How can be improve to augment for our values?

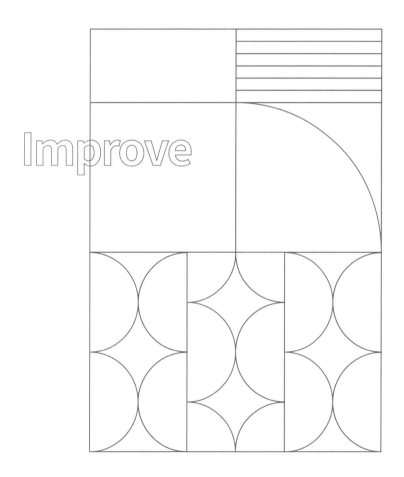

우리의 극복 불가능한
단점은 무엇인가?

What is insurmountable disadvantage?

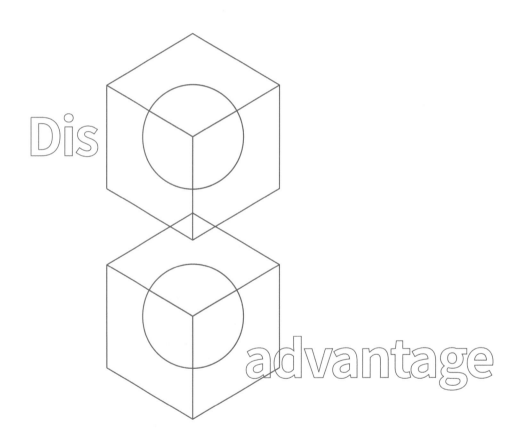

우리 브랜드는
어디로 가야하는가?

우리는 어떤 날에
가장 만나고 싶은 브랜드인가?

What day do we want to meet the most?

1 2 3 4 5 6 7

8 9 10 11 12 13 14

15 16 17 18 19 20 21

22 23 24 25 26 27 28

29 30 31

우리는 몇 시에 만나는 브랜드인가?

What time do we meet?

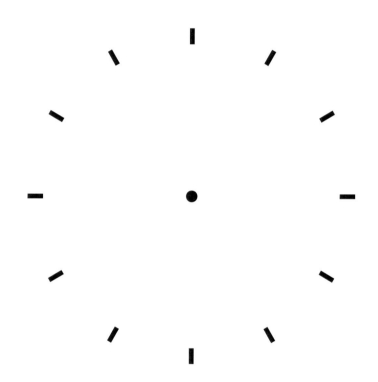

우리는 어떤 날씨에
가장 멋진 브랜드인가?

What's the best weather for us?

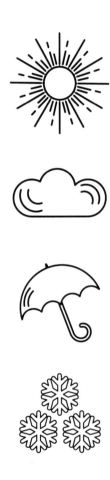

우리 브랜드와 가장 먼저
친구가 되어줄 사람은 누구인가?

Who will be the first person to be friends with our brand?

성　　별

직업/나이

주거형태

소득수준

소비채널

성　　향

우리 브랜드의
무드 키워드는 무엇인가?

What is mood keywords of our brand?

	조용한		부드러운
강렬한		활기찬	
	고요한		상냥한
선명한		재밌는	

*무드 : 어떤 자리 장면에서 느껴지는 느낌

우리 브랜드의
가치 키워드는 무엇인가?

What is value keywords of our brand?

	정식		안내	휴식
웃음		도전		안전
	감동		소통	
통찰		열정		꿈

*가치 : 인간의 욕구나 관심의 대상

우리 브랜드의
스타일 키워드는 무엇인가?

What are the keywords for style?

	감성적인 Emotional		고급 Luxury
B급의 Kisch		건강한 Health	
	현대적인 Modern		명품 Masterpiece
여성스러운 Girlish		소박한 Simple	
	중성적인 Epicene		자유로운 Free

*스타일 : 옷 머리 등의 스타일, 방식, 양식

우리는 어떤 컬러를
보여주는 브랜드인가?

What color brand are we?

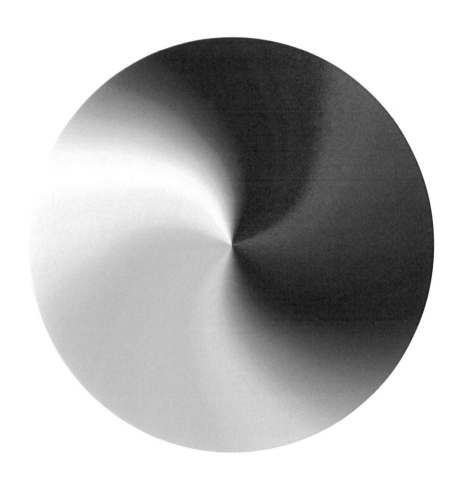

우리는 어떤 온도로
대화하는 브랜드인가?

What temperature are we talking about?

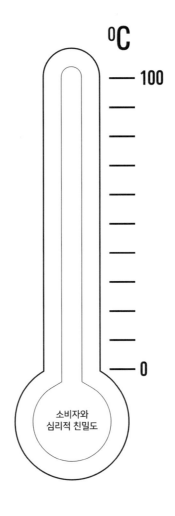

°C

— 100

— 0

소비자와
심리적 친밀도

*대화의 온도 : 얼마나 친밀한 톤&매너로 소통할 것인가

132

우리는 세상에 유일무이한 무엇을 가진 브랜드인가?

What is only value our brand must keep?

우리는 세상에 유일무이한

의 가치를 가진 브랜드입니다.

BR
AND
ING.

BRANDING CORE

JOURNAL

'제품'에서 '브랜드'로
브랜드를 만드는 브랜딩

테이콘 커뮤니케이션즈는 수많은 프로젝트를 수행하며 기업과 브랜드의 가치를 상승시키기 위해 브랜딩 각 분야의 스페셜리스트 구성원과 함께 브랜드의 시장 전략, 스토리텔링, 디자인, 광고, 마케팅, 크라우드 펀딩, 브랜딩 교육 등 종합 브랜딩 매니지먼트를 수행하고 있다. 브랜드의 현황을 정확하게 분석하고 미래가치와 목표를 기획하며 브랜드의 성장을 위한 브랜딩 과정을 매니지먼트 한다.

종합 브랜딩 기업 테이콘C&C가 오랜 실무 경험을 바탕으로 직접 연구 개발한 브랜딩 매거진으로 보다 많은 브랜드가 브랜딩 전략을 경험해보고 브랜딩을 완성하는 기쁨을 느끼길 바란다.

브랜드 가치를 개발하고 브랜드를 성장시키기 위한

브랜딩 전문 기업 TAKON C&C

테이콘 커뮤니케이션즈는 2016년부터 브랜딩 교육, 브랜딩 스토리텔링 프로그램, 브랜딩 디자인 프로그램, 매장(shop) 아이덴티티 개발, 브랜딩 마케팅, SNS 마케팅 프로그램을 진행하는 종합 브랜딩 매니지먼트사 입니다. 테이콘 커뮤니케이션즈는 세상에 가치 있는 브랜드를 만들고 싶은 모든 브랜딩 프로젝트를 환영합니다.

문의/상담

www.takon.co.kr

takon@takon.co.kr

070-7677-0928

*뉴스레터 신청 안내 : 매월 브랜드에 대한 정보와 NEWS에 대한 이야기를 모은 [브랜딩 뉴스레터]는 테이콘 커뮤니케이션즈 홈페이지에서 신청하실 수 있습니다.

BRANDING CORE
JOURNAL

BR
AND
ING.

BRANDING 브랜딩 고유감각

발행일	2020년 7월 7일		
지은이	최재훈, 서지은	일러스트	박설지, 정은경, 하서연
펴낸이	손형국		
펴낸곳	(주)북랩		
편집인	선일영	편집	강대건, 최예은, 최승헌, 김경무, 이예지
디자인	이현수, 한수희, 김민하, 김윤주, 허지혜	제작	박기성, 황동현, 구성우, 장홍석
마케팅	김회란, 박진관, 장은별		
출판등록	2004. 12. 1(제2012-000051호)		
주소	서울특별시 금천구 가산디지털 1로 168, 우림라이온스밸리 B동 B113~114호, C동 B101호		
홈페이지	www.book.co.kr		
전화번호	(02)2026-5777	팩스	(02)2026-5747

ISBN   979-11-6539-255-0 03320 (종이책)   979-11-6539-256-7 05320 (전자책)

이 도서의 국립중앙도서관 출판예정도서목록(CIP)은 서지정보유통지원시스템 홈페이지(http://seoji.nl.go.kr)와
국가자료공동목록시스템(http://www.nl.go.kr/kolisnet)에서 이용하실 수 있습니다.
(CIP제어번호: CIP2020023054)

(주)북랩 성공출판의 파트너
북랩 홈페이지와 패밀리 사이트에서 다양한 출판 솔루션을 만나 보세요!
홈페이지 book.co.kr   블로그 blog.naver.com/essaybook   출판문의 book@book.co.kr